APRENDE Y DESCUBRE LA CIENCIA®

NIVEL 1

Mis cinco sentidos

por

ALIKI

Traducido por Daniel Santacruz

Harper Arco Iris
An Imprint of HarperCollins*Publishers*

La colección Harper Arco Iris ofrece una selección de los títulos más populares de nuestro catálogo. Cada título ha sido cuidadosamente traducido al español para retener no sólo el significado y estilo del texto original sino la belleza del lenguaje. Los primeros libros que aparecerán en esta nueva colección son:

¡Aquí viene el que se poncha!/Kessler
Un árbol es hermoso/Udry • Simont
Ciudades de hormigas/Dorros
El conejito andarín/Brown • Hurd
Harold y el lápiz color morado/Johnson

Josefina y la colcha de retazos/Coerr • Degen
Pan y mermelada para Francisca/Hoban • Hoban
El señor Conejo y el hermoso regalo/Zolotow • Sendak
Se venden gorras/Slobodkina

Esté al tanto de los nuevos libros Harper Arco Iris que publicaremos en el futuro.

La serie *Let's-Read-and-Find-Out Science* fue concebida por el Dr. Franklyn M. Branley, Astrónomo Emérito y Ex-presidente del *American Museum-Hayden Planetarium*. En un tiempo, la serie fue coeditada por el Dr. Branley y por la Dra. Roma Gans, Profesora Emérita de Educación Infantil del *Teachers College* de *Columbia University*. El texto y las ilustraciones de cada uno de los libros de esta serie son cuidadosamente revisados por expertos en la materia.

Library of Congress Cataloging-in-Publication Data
Aliki.
  [My five senses. Spanish]
  Mis cinco sentidos / por Aliki ; traducido por Daniel Santacruz.—Ed. rev.
    p.   cm. — (Aprende y Descubre la ciencia)
  "Harper Arco Iris"
  Translation of: My five senses, published in 1962.
  Summary: A simple presentation of the five senses, demonstrating some ways we use them.
  ISBN 0-06-025358-4. — ISBN 0-06-445138-0 (pbk.)
  1. Senses and sensation—Juvenile literature. [1. Senses and sensation. 2. Spanish language materials.] I. Title. II. Series.
[QP434.A4318 1995]   94-24656
612.8—dc20   CIP
                                                      AC

1 2 3 4 5 6 7 8 9 10
❖
Revised Edition. First Spanish Edition, 1995.

Mis cinco sentidos

para mi hermana, Helen Lambros

¡Puedo ver! Veo con los ojos.

¡Puedo oír! Oigo con los oídos.

¡Puedo oler! Huelo con la nariz.

¡Puedo saborear! Saboreo con la lengua.

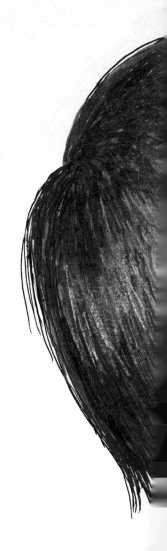

¡Puedo tocar! Toco con los dedos.

Puedo hacer todo eso gracias a los sentidos.

Tengo cinco sentidos.

Cuando veo el sol, una rana,

o a mi hermanita,
uso el sentido de la vista:
Veo.

Cuando oigo un tambor,
un coche de bomberos
o un pájaro,
uso el sentido del oído:
Oigo.

Cuando huelo el jabón, un pino
o galletas recién horneadas,
uso el sentido del olfato:
Huelo.

Cuando bebo leche o como,
uso el sentido del gusto:
Saboreo.

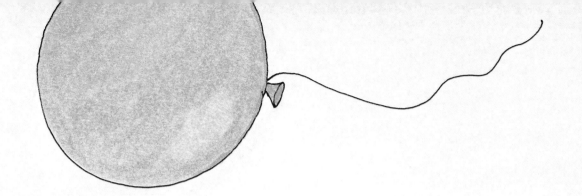

Cuando toco un gatito, un globo o el agua,
uso el sentido del tacto:
Toco.

19

Algunas veces, uso todos los sentidos al mismo tiempo.

Otras, uso sólo uno.

Me encanta jugar a adivinar qué sentidos uso.

Cuando miro la luna y las estrellas,

uso un solo sentido:

el de la vista.

Cuando río y juego con mi perrito,
uso cuatro sentidos:
la vista, el oído, el olfato y el tacto.

Cuando hago que la pelota rebote, uso tres sentidos:
la vista, el oído y el tacto.

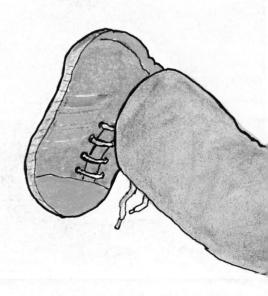

A veces, uso un sentido más que otro.

Pero todos ellos son muy importantes

porque gracias a los cinco sentidos

me doy cuenta de lo que ocurre a mi alrededor.

Darse cuenta de lo que nos rodea es ver todo lo que hay que ver . . .

oír todo lo que hay que oír . . .

oler todo lo que hay que oler . . .

saborear todo lo que hay que saborear . . .

30

tocar todo lo que hay que tocar.

Mis sentidos trabajan
cada minuto del día.
No importa a dónde vaya
o lo que haga.

Gracias a ellos, me doy cuenta
de lo que pasa a mi alrededor.